Yf 8917

ORIGINE DU THÉATRE CHRÉTIEN,

ÉTUDE LITTÉRAIRE,

Par Ferdinand DELAVIGNE,
Professeur à la Faculté des Lettres de Toulouse.

1860

ÉTUDES

SUR LES ORIGINES DU THÉATRE CHRÉTIEN ;

Par M. Ferdinand DELAVIGNE.

De toutes les parties de l'histoire littéraire, la plus curieuse, la plus instructive, celle qui peint le plus au vif notre âme en exercice, en action, c'est le théâtre. Là, le poëte ne s'adresse pas à un cercle choisi, ou à des esprits d'élite; il s'adresse à tous. Ces sentiments éternels qui, à travers la distance des siècles et la différence des sociétés, sont le patrimoine de l'âme humaine, il se charge de les reproduire. Et non-seulement il parle au public, mais ce public lui répond; ce public blâme ou applaudit, et son enthousiasme comme sa critique sont, pour ainsi dire, des votes populaires. De sorte que, grâce à ce contrôle, le drame n'est plus seulement l'œuvre d'une fantaisie individuelle, il nous offre l'état moyen des opinions générales, et comme un reflet assez exact de l'esprit et de l'âme de tous.

Ajoutons maintenant, qu'il est non-seulement le plus curieux, mais encore le plus humain de tous les arts. Né de cette sympathie profonde que l'homme sent pour l'homme; s'appuyant à la fois sur l'idéal et sur le réel, maître du temps et de l'espace qu'il abrège ou rapproche à son gré, le théâtre nous présente, comme en raccourci, le tableau de la vie, prise à ses moments les plus touchants ou les plus décisifs. Mais ce dernier terme de sa force et de sa grandeur ne nous appelle pas encore; et avant d'entrer dans la pleine virilité de ce grand art, dans ses jours de luttes définitives et d'éclatants triomphes, nous voulons d'abord étudier sa laborieuse enfance. Nous assisterons à la naissance et aux progrès du théâtre chrétien ; nous indiquerons ses origines, ses premiers efforts, quand, perdu dans la grande nuit qui se fait autour de l'empire romain, il marche à tâtons vers des voies inconnues, et se débat sous l'étreinte d'une langue morte, qui l'opprime au lieu de le servir.

I.

Les énergies de la politique et de la guerre, les disciplines du Droit et d'une forte administration, voilà le grand art du peuple romain, et il n'en connut guère d'autre. Il ne sortit pas des limites que Virgile avait imposées à sa grandeur :

> « Excudent alii spirantia mollius æra,
> Credo equidem, vivos ducent de marmore vultus,
> Orabunt causas meliùs.....
> Tu regere imperio populos, Romane, memento,
> Hæ tibi erunt artes.... (1). »

En effet, transplanté sur le sol italien, l'art grec, malgré la culture savante des Catulle et des Horace, s'étiole, dépérit bientôt : et Rome dut regretter de n'avoir pu faire pour la poésie, ce que ses Mummius et ses Verrès avaient si complètement fait pour les *statues qui vivent ou les bronzes qui respirent*. L'art dramatique y fut surtout infécond. Plaute, par sa verve bouffonne, fait circuler le rire sur tous les gradins de la *Cavea* : il est populaire. Mais voici Térence avec sa plaisanterie délicate et sa langue exquise, et aussitôt les gradins restent déserts. « On me quitte, nous raconte douloureusement Térence dans le prologue de l'Hécyre. Et pour qui ? Pour des boxeurs (*pugilum gloria*), pour des funambules, pour des gladiateurs (2). » Au temps d'Horace, c'est pire encore. Quand le peuple roi est lassé de ces grandes pompes triomphales, qu'il se fait répéter sur la scène, depuis qu'elles

---

(1) Æneidos, lib. VI, v. 847.
(2) Hecyra. Prologus II, v. 33.

sont plus rares sur la voie sacrée, il faut, pour réveiller son enthousiasme, des éléphants blancs et des combats d'ours (1).

Ce dédain de la Muse dramatique, alla toujours croissant. A partir d'Auguste, les Saturæ, les Atellanes, les Mimes, spectacles si longtemps populaires, vinrent se perdre dans le drame muet du pantomime, ou dans les réalités matérielles et sanglantes des jeux du Cirque. Sans religion, sans poésie, sans histoire, sans aucun lien qui rattache son présent au passé, ce peuple, formé des débris de tous les peuples de l'univers, trouvait au moins dans les poses lascives, dans une gesticulation cadencée, comme une sorte de langue commune qui réunissait tous ces grossiers esprits; ou bien, il s'enivrait du sang versé et des longues agonies. Il applaudissait, nous dit Tertullien (2), au dénouement de l'Hercule furieux, où l'on brûlait vivant un criminel placé sur le bûcher. Il admirait avec Martial (3) la constance héroïque d'un Mucius Scévola, condamné, sous peine de mort, à étendre la main sur un brasier.

Laissons ces Romains redevenus eux-mêmes, ces fils farouches de la louve, applaudir les boucheries ou les prostitutions de l'amphithéâtre : laissons ce peuple boire à longs traits les sanguinaires voluptés de la mort. A ce théâtre qui s'éteint dans son ignominie et sous les anathèmes du christianisme de plus en plus triomphant (4), nous disons adieu, et nous marchons à l'avenir.

L'avenir était à cette idée jeune et puissante, qui avait grandi dans les catacombes, sous les prières, les pleurs, le sang des

---

(1) Horace, lib. II, epist. 1, v. 184.

(2) Vidimus sæpè castratum Attin Deum à Pessinunte, et qui vivus crémabatur, Herculem induerat.
(Ad Nationes, lib. 1°, pag. 57.)

(3) Martialis Epigrammata. Spectaculorum liber.

(4) Tertullien disait : *Theatrum propriè sacrarium Veneris est. De Spectaculis*, par. x. Saint Augustin appelle ce théâtre, *caveas turpissimas diaboli*. Saint Basile, *communis et publica lasciviæ officina*. Saint Grégoire de Nazianze, *schola fœditatis*.

martyrs. Dans ces silencieuses nécropoles, dans ces grandes allées qui se croisent à l'infini autour de la tombe des martyrs, ou sur la table de pierre qui scelle leurs dépouilles sacrées, le christianisme célèbre ses premières et dramatiques fêtes, les chants alternatifs des *Agapes*, les danses des *Natalitia*. Aux cryptes de nos églises se retrouve encore l'image de ces caveaux sombres : mais la croix triomphe, et, au iv° siècle, surmonte ces temples ou ces basiliques qu'elle approprie à son usage.

Et cependant, contradiction singulière ! au moment où le christianisme vainqueur accablait le théâtre sous ses derniers anathèmes, il le ranimait sous la nouveauté de son inspiration. A ces merveilles du génie païen, qui si longtemps avaient retenu les âmes, il tentait d'opposer des drames chrétiens. Je ne parle pas des fragments tout judaïques, empruntés à l'Exode par Ezéchiel le tragique dans son ἐξαγωγή, ou *eductio Hebrœorum ex Ægypto*, de la scène dialoguée où Ignatius fait intervenir Adam, Eve, et le serpent tentateur (1). Mais je citerai le Χριστος πασχων de Grégoire de Nazianze. Julien défendait aux chrétiens de fréquenter les écoles païennes (2), de se nourrir du génie d'Euripide et de Sophocle. A ces interdictions impériales Grégoire répond par une tragédie, où, sous une forme trop dérobée à Eschyle, à Lycophron, et surtout à Euripide (3), il raconte le mystère de la passion du Christ. Du 1er au vie siècle, c'est le seul monument authentique du théâtre chrétien. A ce titre, et malgré les difficultés de l'analyse, il convient de nous y arrêter un instant.

---

(1) Nicolas de Damas avait composé, du temps d'Auguste, une tragédie de Susanne. — Cf. Patin, *Tragiques grecs*, 1er v., pag. 155. — Nous avons perdu ces comédies et ces tragédies pieuses qui, selon Sozomène, avaient été composées par les deux Apollinaire.

(2) Edit de 362. — Conférer Code Théodosien, l. xiii, titul. 3, *de Medicis et professoribus*.

(3) Les tragédies d'Euripide, auxquelles Grégoire a fait les plus larges emprunts, sont, Médée, Hippolyte, Hécube, les Troyennes, Oreste, les Bacchantes, Rhésus.

Et d'abord, Grégoire de Nazianze est-il le véritable auteur de cette tragédie (1) ? Je sais toute la gravité des objections soulevées par la critique littéraire, et même théologique, depuis que le texte a été publié à Rome pour la première fois, en 1542; et j'avoue que la question, au fond, me semble à peu près insoluble. Je crois néanmoins que, grâce à l'accord de la plupart des manuscrits de Vienne, de Madrid, de Venise, de Paris, on peut, sans trop de scrupules, ajouter les 2,600 vers du χριστος πασχων, aux 20,000 vers, de valeur fort inégale, que saint Grégoire composa dans son infatigable vieillesse.

Le sujet est vaste, complexe. Grégoire se propose, à la fois, de raconter la passion du Christ, la descente de croix, l'ensevelissement, la résurrection, et enfin la dispersion des Apôtres à travers le monde pour annoncer la bonne nouvelle. Mais la douleur de la Vierge est le véritable sujet, et comme l'unité fondamentale qui rattache ces morceaux un peu épars. Voici, du reste, une partie de l'argument qui précède la prière :

« Puisque, après avoir écouté pieusement des poëmes, vous voulez maintenant écouter poétiquement des sujets pieux, prêtez-moi un cœur bienveillant. Maintenant, à la façon d'Euripide, je vais dire cette Passion qui a sauvé le monde. Elle vous apprendra nos principaux mystères, par la bouche même de la Vierge mère et de son disciple bien-aimé... Les personnages de mon drame sont les suivants : la Mère immaculée, le Disciple vierge (2), et les jeunes filles qui assistent la Mère de Notre-Seigneur. » — Nous y joindrons le Christ, Joseph, Madeleine, Nicodème, un jeune homme, des Messagers, l'Ange qui annonce la résurrection.

Quand la scène s'ouvre, la nuit couvre la terre. La Vierge erre, gémissante, dans l'anxiété du sort de son fils. « Maî-

---

(1) Conférer la dissertation d'Eichstadius : *Drama christianum quod* χριστος πασχων *inscribitur nùm Gregor. Naz. tribuendum sit.* Jenæ 1816.

(2) Dans la pièce, saint Jean est toujours appelé de son surnom de Θεολόγος.

tresse, dit le chœur, rentre vite. Voici une foule, et des tumultes nocturnes. Dans ce lieu obscur, brillent déjà des torches et des épées. — Me veut-on tuer ? — Non, mais ils font périr ton fils, — » Et quand ce mot a pénétré comme un fer aigu et froid au cœur de la Vierge, accourt, tout haletant, un serviteur de Jésus qui raconte la Cène, Jésus veillant aux Oliviers, Judas qui vient à sa rencontre, l'embrasse et le livre. Des larmes tombent des yeux sacrés de la Vierge.

Παντλάμων δακρύω,
γυνη γαρ ειμι, κατι δακρύοις εφυν (1).

Infortunée ! je pleure,
Car je suis femme, et née pour les larmes.

Elle veut s'élancer pour recueillir les derniers soupirs de son Fils. Mais le chœur la retient; et ses larmes, d'ailleurs, ne sont pas encore près de tarir. Un pauvre aveugle, guéri par le Christ, et devenu ainsi le témoin de sa grandeur divine et de ses misères humaines, annonce que, par l'ordre des Vieillards, des Scribes et des Pharisiens, Jésus est condamné au supplice de la croix. Déjà, ajoute-t-il, l'aurore brille, la nuit s'enfuit; et ils sont là qui l'entraînent hors des portes. Aujourd'hui, il doit mourir. — Que dis-je ? Il meurt. Car un dernier messager raconte le sacrifice suprême. La croix fatale est debout. Les clous ont percé les mains et les pieds de Jésus. Les coups du roseau insultent sa tête. Le vinaigre et le fiel rafraîchissent seuls sa sueur sanglante. Courons, mes filles, courons, s'écrie la Vierge dans le délire de la douleur, et que je puisse voir l'agonie de mon fils ! — Et le théâtre s'ouvre : Nous voici aux pieds du Calvaire; et dans une scène touchante qu'a pu imiter, mais non surpasser le génie de Klopstock, c'est le Christ mourant qui va consoler la pauvre Mère qui survit, et pardonner à tous ceux qui pleurent.

---

(1) V. 356.

La Vierge (1).

« Femmes, je ne vois plus le brillant visage de mon fils.
» Où est son teint et sa beauté si pure ?
» Femmes, maintenant que j'ai rencontré son regard si triste,
» Je veux mourir.....
» O fils si regretté !
» Pures sont tes mains, pures tes lèvres ;
» Ton corps, ta bouche, ton âme est pure,
» Et cependant, je te vois suspendu entre deux voleurs,
» Et c'est ton ami, ton disciple qui te fait mourir (2).

Le Christ.

» O la meilleure de toutes les femmes !
» O Vierge ! voici ton nouveau fils.
» Et toi, ô mon Disciple ! voici la Vierge ta mère.
» O femme ! Pourquoi ces larmes qui mouillent tes paupières,
» Pourquoi ces yeux abattus, ce visage éploré,
» Pourquoi cette désolation, quand tu es si heureuse ?
» Pourquoi ne supportes-tu pas volontiers l'état de ton fils ?
» Tout ceci ne s'accorde-t-il pas avec les oracles
» Que j'ai annoncés moi-même et par la bouche des Prophètes ?
» Il est temps que l'ennemi du genre humain subisse son châtiment.
» Pourquoi donc pleures-tu sur ton fils ?
....
....

Le Chœur.

» Hélas ! hélas !
» J'entends des gémissements lamentables ;
   » J'entends une voix qui crie,
   » Qui implore Dieu, comme étant bien criminel. »

C'est Pierre qui a renié le Christ, et vient tomber suppliant aux pieds de la croix. La Vierge intercède, et Dieu pardonne. « Car, dit-il, les larmes ont sur moi toute puissance, et bri-

---

(1) V. 695 et suivants.

(2) Je traduis avec exactitude ; mais je suis obligé de beaucoup resserrer. La diffusion, d'intolérables longueurs, des tirades ou même des épisodes entiers qui font double et triple emploi, voilà le défaut capital du χριστος πασχων, et ce qui rend sa lecture, comme son analyse, fort difficile.

sent les chaînes des pécheurs. Je t'y exhorte, ma Mère, ne garde de haine pour aucun homme, pour aucun de ceux qui m'ont iniquement attaché à cette croix. » Mais le Christ penche la tête; l'agonie commence, et les accents douloureux de la Vierge ne peuvent empêcher le triomphe de la mort.

Saint Jean console sa mère nouvelle, en lui annonçant la *résurrection brillante*, le *jour joyeux*. Mais la Vierge ne peut être consolée, parce que son fils n'est plus. — En vain cette croix fera éclater devant elle des miracles. — Un soldat frappe de sa lance le côté du Christ. Deux ruisseaux jaillissent, l'un d'eau, l'autre de sang. — « Ah ! c'est le vrai Fils de Dieu, s'écrie le soldat vaincu ! — Et il tombe à terre, se frappe la poitrine, se purifie la tête avec cette eau sacrée.

Persécuté même après son supplice, le Christ, par l'ordre des vieillards, ne devait pas être enseveli. C'est Joseph lui-même qui en instruit la Vierge et saint Jean. « Prévenons l'arrêt, dit-il ; vous êtes seuls ; tous ont fui, pleins de terreur. Eh bien ! descendons le cadavre, enveloppons-le de longs voiles, mettons-le au tombeau avant que n'arrive une foule ennemie. » Et, aidé de Nicodème, de Jean, de la Vierge, des jeunes filles, Joseph descend le Christ, le couvre du voile de lin, et le place au sépulcre. L'aurore commence à poindre, quand ils ont rempli ce pieux office. Tous se séparent. Vous, jeunes filles, dit saint Jean, armez vos cœurs du Christ comme d'un bouclier (χριστὸν καρδίαις ωπλισμέναι), et suivez-moi, avec ma mère, dans ma maison qui est à droite.

Dans la maison de son nouveau fils, et au milieu des jeunes filles qui reposent à ses pieds, la Vierge ne peut trouver le sommeil. Mais le jour est venu ; la foule remplit les rues. Un nouveau messager s'élance : « Où est la mère de Jésus ? s'écrie-t-il. — Femmes, dites-le-moi, car une cohorte armée s'approche du tombeau, et veut sceller la pierre sépulcrale, pour que nul disciple ne dérobe le mort. »

« Va, dit la Vierge, va, cohorte armée, garde bien le tombeau, tu n'en seras qu'un témoin plus fidèle de la céleste résurrection. » Il brille enfin ce troisième jour si désiré.

Partons, dit la Vierge, l'étoile du matin est au ciel. Venons voir le Christ ressuscité. — O miracle ! la pierre est déplacée, le tombeau entr'ouvert ; et sur cette pierre du tombeau, un ange aux vêtements blancs, reluit comme la neige nouvelle et tendre.

Στίλβει ὥσπερ ἀπαλὴ χιών νέα (1).

Autour de lui, étendus à terre, les gardiens sont comme morts. Et, en beaux vers, l'Ange annonce aux saintes femmes le Christ ressuscité, qui brise les portes des enfers, et ramène en pleine liberté, au ciel, les âmes si longtemps captives. « Allons, dit Madeleine, annonçons la bonne nouvelle à tous les disciples, à Pierre d'abord et au disciple vierge, à Jean. Mais, que vois-je ? n'est-ce pas le Christ sous sa nouvelle forme ? » Salut, dit le Christ, et ne craignez rien. Allez, et dites à mes frères qu'ils partent pour la Galilée ; et là ils m'y verront, comme je le leur ai prédit.

J'oublie le dernier épisode d'un messager, qui vient encore arrêter la Vierge, pour lui révéler tous les détails de la résurrection ; j'oublie surtout cette scène dialoguée entre les gardes du tombeau, les Pontifes juifs, et Pilate, que le messager intercale dans son récit. J'ai hâte de finir une analyse déjà bien longue. — Le jour s'écoule, la nuit tombe. Le chœur et Marie se rendent à la maison où les disciples sont rassemblés. Les portes s'ouvrent. — Cléophas parlait au milieu d'un profond silence. Il racontait les dernières paroles, les derniers actes du Christ ; quand le Christ lui-même apparaît au milieu d'eux, leur fait toucher ses blessures sacrées, et les envoie, à travers le monde, chanter l'hymne triomphal, et annoncer que la cité de David a vu le Sauveur sorti de son tombeau.

« Vous serez mes témoins par toute la terre (2) ;
....
Aussi, je verse en vous la grâce de l'Esprit-Saint.

---

(1) V. 2058.
(2) V. 2523 et suivants.

Déliez à quelqu'un la chaîne de ses péchés,
Et ce pécheur verra tomber à ses pieds sa chaîne.
L'homme, au contraire, que vous retiendrez dans le lien de ses fautes,
Sera comme enchaîné par d'indissolubles liens. »

Ainsi se termine, par les paroles même du Christ, cette longue tragédie où apparut, pour la première fois, sous forme dramatique, le mystère de la passion. Tout le moyen âge vivra de cette idée ; et non-seulement dans son théâtre, mais encore dans ces expressions si variées de l'âme humaine, qu'on appelle les Beaux-arts. La langue du son, du marbre, de la couleur répètera à l'envi, dans ses œuvres, ce premier drame de Grégoire de Nazianze : et il ne quittera le tympan, ou les vitraux des cathédrales, que pour se reproduire sur les toiles pieuses de Fra Angelico, de Pinturicchio, du Perugin, de Raphaël et de Michel-Ange. Enfin, Calderon, dans ses *autos sacramentales*, Corneille dans son Polyeucte, Klopstock dans sa Messiade, seront comme les derniers anneaux de cette glorieuse chaîne, que commence, avec plus de foi que de génie et d'invention dramatique, celui que sa science fit surnommer le Théologien, que son éloquence fit un des maîtres et des inspirateurs de Bossuet (1), et qui, dans ses poésies mêlées, poésies d'une mélancolie si rêveuse, offre parfois les rapprochements les plus curieux avec cette école lyrique du xixe siècle, qui reconnut, pour chefs et pour guides, Byron et Lamartine.

Sans doute, cette tentative de tragédie sacrée fut incomplète et inégale. Mais déjà cette poésie décèle l'avenir. Sous le mensonge d'une langue trop empruntée à Euripide, on sent la conviction, la force d'âme du chrétien, qui rajeunit sa poésie par la foi ; qui des sens la fait passer au cœur ; qui ne chante plus la volupté, mais la victime qui pardonne, la douleur qui purifie, la mort qui enfante à l'éternité. — Laissant ce drame de l'Orient, entrons maintenant dans l'Europe renouvelée, et cherchons, surtout en France, les essais de

---

(1) Conférer la péroraison de son éloge de saint Basile, et celle de l'oraison funèbre de Condé.

cet esprit nouveau, qui modifiera toutes les expressions de la pensée humaine, et principalement de la pensée dramatique.

II.

En France, comme dans toute l'Europe, le théâtre est né de l'Eglise. Dans ses solennités commémoratives, dans ses danses ou ses chants autour des tombeaux, dans ses fêtes tantôt graves, tantôt joyeuses, on retrouve les premiers vestiges d'un art qui, depuis la chute de l'empire romain, pouvait paraître exilé de l'imagination humaine.

Du vi^e au xiie siècle, le drame est exclusivement liturgique. Il s'inscrit dans les Diurnaux, les Rituels, les Antiphoniers, sur ces tapisseries mobiles qui, se renouvelant à la fête de chaque saint ou de chaque martyre, ornent les murs de la cathédrale, ou étincellent à ses piliers. Il se sculpte aux bas-reliefs, ou se peint aux vitraux historiés. Il se cisèle en quelque sorte, dans ces diptyques d'ivoire qui répètent de mille façons les scènes de l'ancien et du nouveau Testament, et accompagnent ainsi de leur enseignement muet, les enseignements vivants du culte. Son théâtre, c'est le cloître du monastère, le parvis, le cimetière autour de l'église, où se déroulent les processions immenses; c'est l'ambon, le jubé de la cathédrale, parfois l'échafaud qu'on dressait à l'intérieur, où se chantaient des hymnes dialogués entre Joseph et Marie, où, le jour de Noël, se célébrait le drame des Bergers; au jour de l'Epiphanie, l'adoration des Mages; au jour de Pâques, l'office des Pèlerins. La source de son merveilleux, sa primitive et héroïque épopée, ce sont les Vies des Saints, les Actes des Martyrs. Sa langue est la langue de l'Eglise, la langue latine qui, au xe siècle, reflète encore, avec des nuances affaiblies, la grâce délicate de Térence, dans les drames légendaires d'Hroswitha, l'humble religieuse du Monastère saxon de Gandersheim.

Au xie et xiie siècle, la Féodalité triomphe. Mais le Clergé la domine par sa hiérarchie plus subordonnée, par sa puissance territoriale plus compacte, par sa jurisprudence trempée aux sources romaines, par sa juridiction plus compréhensive. A cette époque, l'Art sacré atteint son plus haut degré de splendeur. Il aspire à se rattacher, ou plutôt à renfermer tous les développements de l'intelligence. Aussi, dans l'enceinte de l'église, le Clergé, déjà poëte et acteur, est en même temps peintre, sculpteur, musicien, architecte.

Mais plus les pompes deviennent magnifiques, les processions nombreuses, les liturgies variées et dramatiques, plus le peuple est forcé d'intervenir; et, à son tour, acteur sacré, mêle sa voix à la voix de l'officiant ou du clerc. De là, une phase intermédiaire entre la liturgie purement latine et la liturgie mêlée de langue d'oïl. De là ces épîtres farcies (*epistolæ farsitæ*), et surtout ces *Planch de saint Estève* (planctus sancti Stephani), mélange alternatif d'un verset latin prononcé par l'officiant, et de sa glose en langue vulgaire, répétée sur le ton d'une complainte par le clerc placé sur le Jubé, ou par le peuple lui-même. De là, le mystère des Vierges sages et des Vierges folles, office dialogué, demi-latin et demi-provençal, tiré de la parabole de saint Matthieu. De là, enfin, la légende de saint Nicolas, écrite cette fois, non plus en latin pur, comme on la trouve si souvent dans les vieux Rituels, mais en latin, mêlé de langue d'oïl, par le disciple d'Abélard, Hilarius.

Nous sommes à la fin du xiie siècle, au commencement du xiiie : et c'est la date d'une révolution importante dans l'histoire de notre Théâtre. L'idiome moderne va se dégager totalement du latin; et nous trouverons enfin, hors de l'église, en pleine place publique, une pièce composée par un laïque, jouée par des laïques, écrite dans la langue laïque, c'est-à-dire sans latin et toute en français. — Les premiers jeux dramatiques, empruntés encore aux sujets sacrés, mais écrits pour la première fois en langue vulgaire, sont au nombre de trois. Le premier est un fragment du mystère de la Résurrection, écrit en vers de huit syllabes, et presque toujours en rimes plates, anonyme, incomplet, sans titre ni de jeu, ni de mystère, et qui doit remonter aux dernières années du xiie siècle. En marge, le poëte ou le copiste a transcrit les versets de l'Evangile, dont sa pièce offre la glose; et il montre partout un respect scrupuleux pour le texte sacré. — Le second est le miracle de Théophile, vieille légende déjà racontée dans un poëme latin par Hroswitha, dramatisée au xiiie siècle par le trouvère Rutebœuf; et où perce l'idée, qui plus tard servira de fond à l'immortel drame de Faust. — Le troisième, enfin, est le plus important de ces jeux dramatiques en langue française, — c'est li *Jeus de saint Nicholai, que Jehans Bodiaus fist. Amen.* — Comme le dit en terminant le manuscrit original.

Avant d'étudier l'œuvre, rassemblons d'abord ce qu'il est possible de savoir sur l'auteur. Les témoignages sont rares. Il faut glaner çà et là dans ses poésies, et surtout dans la dernière, que, sous le titre de *Congé*, il adressa à ses parents et à ses amis, entre 1203 et 1205. Cette date nous rappelle la quatrième croisade, suscitée par cette lettre éloquente qu'Innocent III, dans le feu de sa jeunesse et de sa foi, lança à travers toute l'Europe; croisade qui fut prêchée en France par Foulques de Neuilly, et racontée si fièrement par Geoffroy de Villehardouin, Sénéchal de Champagne et de Romanie. Les ardeurs pieuses et guerrières de son temps atteignirent vivement le cœur du poëte d'Arras. Trouvère qui se plaisait aux longues et héroïques chansons de Geste, comme l'atteste son *Guiteclin de Sassoigne* (Witikind de Saxe), il voulut ressembler à ces héros qu'il chantait si bien. Il dit adieu aux vives distractions de la ménestraudie: et, à la suite de ces pèlerins aventureux, qui oublièrent si vite Jérusalem pour Constantinople, et greffèrent, sur le tronc pourri du bas Empire, les fleurs de lis de notre jeune France, Bodel s'apprêtait à partir. Déjà il cousait la croix rouge à son baudrier, quand ses mains et son visage décèlent un mal terrible, le mal des *Ardents*. Plus de doute: la lèpre l'a frappé. Et pour cette poétique cité de l'Artois, si féconde en chevaliers, et qui aima tant les ménestrels, quelle tristesse en apprenant que son trouvère chéri, son héraut d'armes, la quittait à jamais, et devait s'ensevelir tout vivant dans une de ces *méselleries*, que multipliait la charité du xiie siècle, pour lutter contre le fléau venu d'Orient. Du moins, la commune reconnaissante décida qu'il serait entretenu dans la meilleure léproserie. Et c'est là que s'éteignit, triste et oubliée, la vie d'abord si riante de Jean Bodel, tour à tour ménestrel, trouvère, et auteur de jeux dramatiques.

A ce triple rôle se rattachent en effet ses productions poétiques, de nature fort diverse. Ménestrel, il a laissé cinq chansons ou pastourelles, d'un ton vif et gracieux. Nous y joindrons ce suprême et mélancolique adieu que, sous le nom de *Congé*, le poëte lépreux adressa à sa ville natale et à tous ceux qu'il y aimait. Dans cette pièce qui renferme quarante-cinq stances, éclate surtout la hauteur résignée de ce noble cœur. — Trouvère, il a composé la *Chanson de Saisnes*, ou de *Guiteclin de Sassoigne*, long poëme où, s'inspirant de la chanson de Roland, il a raconté les exploits, la mort de Witikind ou Guiteclin; et la sanglante résistance des Saxons, jusqu'au moment où Dialus, fils de Guiteclin, se convertit, et fait hommage à la France du royaume de Saxe, que Charlemagne a été obligé de conquérir une seconde fois. — Enfin, le poëte dramatique nous a laissé le *Jeu de Saint Nicolas*, qui mérite, à bien des titres, une étude spéciale.

III.

Légende de Saint Nicolas.

Saint Nicolas, si célèbre auprès des écolâtres et des écoliers du moyen âge(1), et dont l'office ouvrait la série des solennités joyeuses, connues sous le nom de *Libertés de décembre*, était, au ive siècle, Evêque de Myre en Lycie, et dans le vie siècle honoré à Constantinople par Justinien, qui fit bâtir une église en son honneur. Le Dominicain Génois, Jacques de Voragine, dans sa légende dorée, a recueilli sa vie, que Méthodius, Patriarche de Constantinople, avait écrite au ixe siècle.

---

(1) Saint Nicolas était le patron de la puissante confrérie parisienne des marchands de l'eau, *confratriæ mercatorum aquæ parisiensium*, comme l'appelle un cartulaire de la Sorbonne, daté de 1245.

Parmi les diverses aventures de cette légende, trois surtout étaient populaires, et comme répétées à l'envi par les imagiers, les peintres-verriers, ou les sculpteurs sur ivoire. Quand les imagiers du moyen âge peignent saint Nicolas, avec son sac d'argent caché sous son manteau, ils font allusion à la première. Pour sauver l'honneur de trois jeunes filles pauvres, que l'avarice de leur père destinait à l'infamie, le Saint, pendant la nuit, allait jeter dans leur maison, par la fenêtre, une quantité d'or suffisante pour leur dot (1).

Souvent d'anciens diptyques nous montrent saint Nicolas à côté d'une petite cuve, où trois jeunes gens, plongés jusqu'à mi-corps, tendent vers lui leurs mains levées en actions de grâces. Ces sculptures rappellent un second miracle, négligé par la légende dorée, et qui est peut-être le meilleur titre de notre Saint à la reconnaissance comme au patronage des écoliers. Un aubergiste avide avait assassiné trois jeunes clercs ou étudiants, qui se rendaient aux universités. Leurs corps coupés en morceaux et salés, sont cachés au fond d'un coffre de bois, quand soudain apparaît saint Nicolas. Je laisse ici parler dans sa naïveté le jeu liturgique latin, qu'on représentait, dans l'église même, le jour ou la veille de la fête du bon Evêque de Myre (2).

NICOLAUS.

Peregrinus, fessus itinere,
Ultrà modo non possum tendere.
Hujus ergo per noctis spatium.
Mihi præstes, precor, hospitium.

---

(1) Fra Angelico, dans son fameux tableau du couronnement de la Vierge, met des boules d'or aux pieds de Saint Nicolas, et fait ainsi allusion à sa générosité pour les trois jeunes filles. — Dante nous dit aussi :

Esso parlava ancor della larghezza
Che fece Nicolao alle pulcelle,
Per condurre ad honor lor giovinezza. *Purgat.* C. XX.

(2) Consulter Daniel, *Thesaurus hymnologicus*, t. II, p. 252. — Wace, *Vie de Saint Nicolas*, v. 212 ; et surtout *Hilarii Versus et Ludi*, p. 34 et suivantes.

VETULA.

Hunc persona commendat nimium,
Et est dignum ut des hospitium.

SENEX.

Peregrine, accede propius,
Vir videris nimis egregius :
Si vis, dabo tibi comedere ;
Quidquam voles tentabo quærere.

NICOLAUS *ad mensam*.

Nihil ex his possum comedere,
Carnem vellem recentem edere.

SENEX.

Dabo tibi carnem quam habeo ;
Namque carne recente careo.

NICOLAUS.

Nunc dixisti planè mendacium ;
Carnem habes recentem nimium,
Et hanc habes magnâ nequitiâ,
Quam mactari fecit pecunia.

SENEX ET MULIER *simul*.

Misereri nostri te petimus ;
Nam te sanctum Dei cognovimus :
Nostrum scelus abominabile,
Non est tamen incondonabile.

NICOLAUS.

Mortuorum afferte corpora,
Et contrita sint vestra pectora !
Hi resurgent per Dei gratiam,
Et vos flendo quæratis veniam !

ORATIO SANCTI NICOLAI.

Pie Deus, cujus sunt omnia,
Cœlum, tellus, aer et maria,
Ut resurgant isti, præcipias,
Et hos ad te clamantes audias !

ET POST OMNIS CHORUS DICAT:

Te Deum laudamus.

Je cite ce morceau pour donner une idée nette de ces jeux liturgiques, qui, au XIe et au XIIe siècle, précèdent et annoncent notre théâtre. J'arrive maintenant au troisième miracle, représenté souvent aux vitraux des églises, et qui faisait même qu'au moyen âge, le patron des écoliers était invoqué pour retrouver les choses volées.

C'est ce miracle qui a servi de sujet au jeu dramatique de Jehan Bodel. La tradition légendaire ne racontait que ce simple fait : « Un juif fort riche, possédait une image de saint Nicolas, et avait pour elle une sorte de culte. Un jour, en son absence, des voleurs pénètrent chez lui, et ravissent tout ce qu'il possède. Le juif, furieux, tour à tour prie et menace saint Nicolas; et le saint, touché et effrayé, force les voleurs à tout rendre. » Voilà le fait nu, livré par la légende. Voyons maintenant comme il s'est enrichi, sous l'imagination pieuse et chevaleresque du moyen âge, et l'usage qu'en a su faire notre poëte d'Arras.

La veille de la fête de saint Nicolas, non loin de l'église peut-être, mais à coup sûr hors de l'église (certaines plaisanteries ne l'attestent que trop), en présence de seigneurs et dames que Jean Bodel veut divertir, mais aussi édifier, une confrérie laïque de bourgeois, ou plutôt d'écoliers, a dressé ses échafauds, ses estals (gradins). Par la bouche de son prêcheur, *li preecieres*, qui, dans un prologue de 104 vers, a annoncé tout le sujet, elle réclame le silence :

    Oiiés, oiiés, seigneurs et dames,
    Que Diex vous soient garans as ames !
    . . . .
    Del saint dont anuit (aujourd'hui) est la veille,
    Del miracle saint Nicolai
    Est chis jeu fait et estorés ;
    Or, nous faites pais (silence); si l'orrés (1).

Auberon le courrier vient annoncer à un roi d'Afrique, fils de Mahomet, que les chrétiens ont couru sus. Tout le pays est

---

(1) Consulter *Théâtre français au moyen âge*, par Monmerqué et Michel, pag. 162 et suivantes.

à feu et à sang. — Le roi demeure stupéfait, et se tourne successivement vers son Sénéchal, et vers la statue de son dieu Tervagan. « Comment sont-ils si hardis? dit-il au Sénéchal. — Comment es-tu si lâche? dit-il à son idole qui n'en peut mais, et demeure immobile sous son étincelante enveloppe de lames d'or. — Ah ! je meurs de rage, et je te ferai

> Ardoir et fondre,
> Et departir entre me gent.

Mais le Sénéchal est homme de bon conseil. « Prions Tervagan, dit-il, au lieu de l'insulter ; et pour prix de ses avis, promettons-lui dix marcs d'or, pour croistre ses joues déjà si rebondies.

Eh bien, dit le roi à genoux : « Tervagan...

> Se je doi gaagnier, si ri ;
> Se je doi perdre, si pleure.

Mais voici que Tervagan, qui a juré, sans doute, d'être brisé en mille pièces à la fin de la journée, rit et pleure à la fois.

Que penser? s'écrie le roi, stupéfait. Il y a en ceci un sens très-profond.

Le voici, dit le Sénéchal. — Si Tervagan a ri, c'est que le roi vaincra les chrétiens ; si Tervagan a pleuré, c'est que le roi doit l'abandonner, et se convertir.

Jamais, s'écrie le roi, et commençons par combattre. Que tous me viennent en aide, de l'Orient jusqu'en Catalogne.

Le ban est proclamé, et le courrier Auberon est chargé de le publier, avec lettre et sceau royal, jusqu'en Alexandrie et Babylone. — Auberon promet au roi qu'il n'est pas de chameau si agile, qu'il ne laisse une lieue derrière lui. — Peut-être sera-t-il plus léger ; mais, à coup sûr, il n'est pas aussi sobre. Car le voici, à la première taverne, séduit et attardé par le pain chaud, les harengs chauds, et par ce joyeux tonneau de vin d'Auxerre, où il enfonce son hanap, pour goûter le meilleur qui est au fond. Une partie de dés avec Cliquet, truand de passage, que nous retrouverons plus tard, lui permet d'acquitter sa dépense. — Et bientôt il obtient promesse de secours pour le roi, de la part de l'émir d'Iconium, de l'émir des Orcades, de l'émir d'Olipherne, du roi d'Aïr, Tranle et Arabie. Auberon annonce à son roi, cette nuée de comtes, de princes, de barons. Ils arrivent aussitôt qu'annoncés; et le roi envoie leurs phalanges innombrables, à la poursuite des chrétiens. Allons, s'écrient-ils tous, et que Mahomet nous soit en garde.

Ici commence une scène d'une grandeur vraiment épique, une scène qu'eût applaudie le vieux Corneille, et où revit cette pieuse vaillance qui animait notre poëte, si triste de n'avoir pu suivre les croisés.

> J'ai fait mon pèlerinage — (disait-il dans son *congé*).
> Dieu m'a défendu le passage
> Dont bonne volonté avait
> ..... Si Dieu fut assez courtois,
> Dans cette terre qui jà fut sienne,
> J'eusse fait un serventois.

Nous quittons le palais du roi d'Afrique pour entrer au camp des chrétiens. Ils voient déjà briller les lances et s'approcher à flots pressés le torrent des soldats païens.

> Saint sépulcre (s'écrient-ils) aide-moi ! Seigneur il faut bien faire (1).
> Sarrasin et païen viennent pour nous forfaire.
> Voyez, leurs armes luisent : tout le cœur m'en éclaire.
> Or le faisons si bien, que no prouèche paire. (notre prouesse y paraisse).
> Contre chacun de nous, sont bien cent par devise. (par compte).

UN CHRÉTIEN.

> Seigneur, n'en doutons pas, voici votre justice :
> Bien sais, tous y mourront de Dieu pour le service.
> Mais m'y vendrai bien cher, si l'épée ne se brise.
> Nul ne s'en sauvera par coiffe ou par haubert..
> A ton service, ô Dieu, que chacun soit offert !
> Paradis sera notre, à eux sera l'enfer ;
> Et partons, au combat qu'ils rencontrent nos fers.

---

(1) Pour garder le mouvement de la scène, j'ai été obligé, tout en gardant une scrupuleuse exactitude, de rajeunir quelques expressions et quelques tours devenus inintelligibles.

UN CHRÉTIEN, NOUVEAU CHEVALIER.

Seigneur, si je suis jeune, ne m'aiez en dépit.
On a vu bien souvent grand cœur en corps petit.
....
Sachez, je l'occirai, avant s'il ne m'occit.

A ce moment le ciel s'entr'ouvre, et, envoyé de Dieu, l'Ange vient placer sur leur tête la couronne de la foi et du martyre. Il nous semble entendre comme un écho anticipé du sublime dialogue de Néarque et de Polyeucte :

« Mais dans ce temple, enfin, la mort est assurée.
....
» Mais dans le ciel déjà la palme est préparée. »

L'ANGE.

Soyez tout assurés, seigneurs !
N'ayez doutance ni peur.
Messager suis de Notre Seigneur,
Qui vous mettra hors de douleur.
Ayez vos cœurs fermes et croyants
En Dieu. Puis, pour ces mécréants,
Qui vers vous viennent en armes,
N'ayez au cœur point d'alarmes.
Mettez hardiment vos corps
Pour Dieu, car c'est là cette mort
Dont tout le peuple mourir doit,
Qui Dieu aime de cœur, et croit.

LE CHRÉTIEN.

Qni estes-vous, beau sire, qui si nous conforte
Et si haute parole de Dieu nous apportez ?
....

L'ANGE.

Ange suis de Dieu, nobles amis !
Ne craignez rien, ne doutez plus,
Car Dieu vous a fait ses élus.
Allez, bien vous avez commencé ;
Pour Dieu vous serez tous tués,
Mais la haute couronne aurez.
Je m'en vais, adieu : demeurez.

Une lutte effroyable s'engage : tous les chrétiens sont tués, hormis un seul, un chevalier, un prud'homme, qui a invoqué saint Nicolas. Traîné devant le roi, le preux glorifie hardiment ce saint qui secourt les affligés.

« Qui fait r'avoir toutes les pertes,
Qui convertit les mécréants,
Qui rallume les non voyants » (rend la vue).

De ce qu'on met en sa garde rien ne se perd; pas même si ce palais était plein d'or, pourvu qu'il fût sur le trésor.

« Eh bien, vérifions cette toute-puissance, s'écrie le roi ! Qu'on mette cet homme dans les fers, et son Nicolas à l'épreuve. Sénéchal, je veux que mes trésors et mes coffres soient ouverts, et mettez dessus le Nicolas. » Et, en outre, le roi veut que tous sachent son ordre, et il le fait proclamer à travers la ville.

C'est une nouvelle, qui doit affriander surtout les hanteurs de taverne. Or, voici justement sur notre passage celle où Auberon a joué avec Cliquet. Auberon avait trouvé le vin exquis; et ma foi, Raoulet le crieur, qui est devant la porte, s'entend gaiement à l'annoncer.

Le vin aforé de nouvel (percé)
A plein lot et à plein tonnel,
Sage, bévant, et plain et gros (sain, buvable, franc et gros)
Rampant comme écureuil en bos (en bois);
Sans nul goût de pourri ni d'aigre;
Il court sur lie, et sec et maigre,
Clair comme larme de pécheur,
Croupant sur langue au buveur; (*Lecheour*, gourmet).
Autres gens n'en doivent goûter.
....
Vois comme il mange son écume,
Et saute, étincelle, et frit :
Tenez-le sur langue un petit,
Et jà sentirez plus que vin.

Rabelais n'eût pas mieux dit, et Hogarth ou Callot n'eussent pas mieux peint la scène de taverne, où, à côté de Cliquet, vont figurer deux nouveaux truands, Pincedé et Rasoir.

Ils boivent, décident de voler le trésor du roi, continuent par jouer, et finissent par se battre. Mais la nuit avance, la lune se cache ; il est temps de partir pour accomplir le vol. — Nos amis réconciliés empruntent un sac à l'hôte, qui, tout-à-fait digne de ses clients. se charge d'être le recéleur, et prie Dieu pour le bon succès.

L'expédition réussit ; et il faut les voir de retour à l'auberge, ployant sous le fardeau, mais caressés, choyés par l'hôte et son valet Caignet. — Le hanap court de main en main ; les dés bondissent, et bientôt arrivent les disputes. On ne voit plus que joues bleues, et poitrines meurtries. Les coups retentissent, jusqu'à ce que nos mécréants, vaincus par le vin et la fatigue, s'endorment. — Mais le roi, lui, se réveille : et que lui apprend son Sénéchal ? Le vol du trésor. Furieux, le roi se fait amener le chrétien, ordonne à son bourreau d'imaginer la plus cruelle mort, et n'accorde qu'à grand'peine, un jour de sursis. A genoux devant l'image de saint Nicolas, le prud'homme *s'ochits en plours et en larmes*. « Beau chrétien, s'écrie l'ange, qui apparaît une seconde fois, tais-toi, et ne pleure. Saint Nicolas s'occupe de ta délivrance. *Qui pour Dieu se travaille, bien li restore.* »

Contraints par saint Nicolas, qui va les chercher dans leur auberge, Caignet, Razoir et Pincedé apportent le trésor ; et, à son grand ébahissement, le roi trouve non-seulement ses richesses intactes, mais encore augmentées. Le miracle le convertit. Il donne son âme et son corps entièrement à saint Nicolas le baron, et laisse là Mahomet, Apollon et Tervagan, cet ignoble larron ; les émirs en font autant.

En vain Tervagan lance une imprécation de douleur et de colère ; il est renversé, brisé en mille pièces. Et le jeu se termine par cette pieuse exhortation, mise dans la bouche du prud'homme, et répétée en chœur par l'assemblée émue :

> A Dieu nous devons tous chanter
> Aujourd'hui : *Te Deum laudamus.*

Tel est, dans un rapide ensemble, ce jeu moitié tragique,

moitié comique, où la chanson de Geste et le fabliau confondent leur double inspiration. L'action est décousue; la composition à peu près nulle, comme dans les tableaux du moyen âge. Mais, ainsi que dans ces tableaux, on trouve une sincérité d'accent, une vivacité de couleurs, une chaude expression de la réalité, que l'art ne donne pas toujours, qu'à coup sûr il ne remplace jamais, et qui éclatent à chaque scène dans cette pièce joyeuse, bouffonne même, comme le voulait la fête chevaleresque, comme le voulait le temps, crédule et pieuse comme le voulait l'Eglise. L'invention fantasque et riche laisse loin derrière elle la concision liturgique de ces mystères tout latins, dont j'ai cité un fragment. Dans ce sujet encore sacré, mais qui s'ouvre de toutes parts aux idées du monde, et surtout de la chevalerie, on sent l'approche d'un grand siècle, du siècle de Philippe-Auguste et de saint Louis. On sent qu'une nouvelle langue va amener un esprit nouveau. Et cet esprit aura son centre littéraire dans ces confréries laïques, dans ces corporations d'arts et de métiers, dans ces universités qui, quoique fondées sous le patronage de l'Eglise, échapperont peu à peu à sa direction ; dans ces légistes, qui substituent le Droit romain au Droit canonique, et contribuent à affranchir la royauté, de cette féodalité qui la pressait, qui l'étreignait en tout sens. Sous cet esprit nouveau, tous les arts, au XIIIe siècle, prendront peu à peu une vie nouvelle. Au plein cintre roman succédera l'ogive gothique, dans son audacieuse simplicité. Les statues longues et roides, vont maintenant se coucher ou s'agenouiller sur les tombeaux, s'animer surtout sur les bas-reliefs, et prendre je ne sais quelle vie, grotesque si l'on veut, mais puissante dans ces figures qui orneront les chapiteaux des colonnes, ou dans ces gargouilles qui se dresseront sur nos toits. L'orfévrerie cisèlera les châsses des saints. On émaillera, on damasquinera les métaux ; on fabriquera ces portes ciselées de bronze et d'argent, dont l'art du moyen âge emprunta l'usage à l'antiquité, et dont Florence, grâce à Donatello, nous a laissé un immortel témoignage. Les chaires de l'église, les stalles du chœur se couvriront de merveilleuses sculptures. Empruntant aux tournois, mais surtout aux croisades, l'usage des marques distinctives, la féodalité demandera à la gravure de conserver ses armoiries, et d'en faire désormais des symboles héréditaires. Resserrée dans les églises, où le nouveau style gothique ne lui laisse que peu d'espaces planes et lisses, la peinture se multipliera sur les vitraux, et surtout dans ces manuscrits, dans ces Heures, dans ces Missels, dont elle entrelace, elle enguirlande le pourtour, ou qu'elle orne de véritables tableaux sur fonds d'or. La musique elle-même sort de l'église, des écoles des couvents; et plus variée, plus facile, plus rhythmique, elle va, vive et insouciante, voyager à travers le monde avec les jongleurs, les trouvères, les ménestrels. Participant à ce mouvement universel, le drame, nonseulement quittera la langue ecclésiastique, comme dans le jeu de Jehan Bodel, mais encore les sujets sacrés, qui l'employaient encore. Et qui marquera ce second moment de notre histoire dramatique? C'est Adam de la Halle, surnommé le Bossu d'Arras. Où éclatera ce caractère si nouveau du drame émancipé et tout profane? Dans deux de ses œuvres : le Jeu de la Feuillée, et Robin et Marion. Contentons-nous d'avoir, dès à présent, ressaisi avec Jean Bodel, comme le plus lointain aïeul de notre tragédie si idéale, et de notre comédie si vraie. De l'aïeul aux descendants, il y a grande différence, sans doute : mais songeons aussi qu'il y a grande distance. L'imagination française a encore quatre siècles pour s'épurer, se mûrir, et arriver enfin à ces inimitables conceptions qui s'appelleront Horace ou Polyeucte, le Tartufe ou le Misanthrope : chefs-d'œuvre qui, sans point de comparaison ni dans le passé ni dans le présent, sont peut-être le dernier mot du génie de l'homme, épuré par l'art, muri par la philosophie, c'est-à-dire rayonnant de toutes les lumières éparses du bon, du vrai et du beau.

Toulouse, Imprimerie de DOULADOURE FRÈRES.

www.ingramcontent.com/pod-product-compliance
Lightning Source LLC
Chambersburg PA
CBHW060618050426

42451CB00012B/2318